SÅ LYCKAS DU

Uppnå din dröm: En bok om att göra det omöjliga möjligt

Joakim Rasmussen

© 2023 Joakim Rasmussen
Förlag: BoD – Books on Demand, Stockholm, Sverige
Tryck: BoD – Books on Demand, Norderstedt, Tyskland
ISBN: 978-91-8027-906-2

Copyright © 2023 Joakim Rasmussen. Alla rättigheter förbehållna.

Ingen del av denna bok får reproduceras, lagras i återvinningssystem eller överföras i någon form eller på något sätt, elektroniskt, mekaniskt, genom kopiering, inspelning eller på annat sätt utan föregående skriftligt tillstånd från författaren, förutom i fall av korta citat som anges i en kritisk recension eller i ett journalistiskt sammanhang.

Alla varumärken som nämns i denna bok tillhör sina respektive ägare och används endast för identifiering utan avsikt att kränka rättigheter.

Om du har några frågor om användning av innehållet i denna bok, vänligen kontakta Joakim Rasmussen på joakim@dinsiktilivet.se.

Tack för att du respekterar författarens rättigheter.

FÖRORD

Daniel Magnusson

Det är intressant det här med att göra någonting för första gången. Hur många gånger har du inte gjort någonting för första gången egentligen? Allt du nu gör på daglig basis och ser som självklart var helt nytt för dig förut. Någonting som du gjorde för första gången och lärde dig men som du nu inte ens reflekterar över att du gör. Ibland är det saker vi gör för första gången som är "otäcka", "svåra", "lätta", "roliga" eller vad vi nu sätter för etikett på det vi ska göra. Oavsett vad vi sätter för etikett är den påhittad av oss i stunden innan vi ska göra det nya.

Det är så vanligt att vi sätter en etikett som det egentligen inte finns någon sanning bakom. Hur mycket av det du gör idag och ser som enkelt, satte du tidigare en etikett och begränsande tanke på, i form av "svårt"? På vilket sätt var det hjälpsamt för dig att begränsa dig själv innan du skulle göra något genom att sätta etiketten "svårt" på det?

3

Förmodligen inte alls hjälpsamt, men ändå gör vi det. Det sker mer eller mindre omedvetet, men ju mer medveten du blir om vilka etiketter du sätter, desto mer kommer du komma på dig att sätta dem. Då har du faktiskt möjligheten att byta etikett eller inte sätta någon etikett alls.

Det här är första gången jag skriver förord till en bok och jag är otroligt tacksam att jag fick frågan från Joakim om jag ville göra det. Tacksam att min vän vill att jag gör det så jag får en chans att göra något för första gången. Chansen att lära mig något om hur jag skriver förord, vilket i sig endast sker i att jag skriver i den här stunden något som kommer till mig. Det som kom till mig när jag tidigare funderade över vad jag skulle skriva så tog jag fram min egen mentala "etikettmaskin" och satt etiketten "svårt" på uppgiften att skriva ett förord. Men när jag nu på tåget strax efter 06.00 på väg hem från Västerås sitter och skriver så blev det uppenbart vad jag ville skriva. Det visar på hur lätt det är att sätta begränsande etiketter som är helt onödiga.

Det här är Joakims första bok och jag har till viss del varit delaktig under perioden då han har skrivit boken. När jag reflekterar tillbaka kan jag inte minnas att Joakim har pratat om att det är svårt, omöjligt, att det inte går eller liknande. Utan Joakim har skrivit och vi har pratat om boken från och till. När jag läste boken blev det uppenbart varför det har gått bra, inga begränsande etiketter och tankar. Joakim är väldigt bra på att inte sätta begränsande etiketter på det nya han ska göra och lära sig. Jag vet att det inte alltid har varit så tidigare, snarare tvärtom. Det visar på att det även går att lära sig att inte begränsa sig själv med etiketter som inte är hjälpsamma.

Det jag ser som otroligt värdefullt med den här boken är att Joakim på sitt sätt belyser det som kommer hjälpa dig att bli framgångsrik och lyckas.

Här är några saker som tydliggörs i boken och är riktiga game changers.

• Rutiner är mycket bättre än motivation.

- Lita på dig själv och det som känns rätt för dig.
- Var nyfiken att testa och lära dig nya saker.
- Låt inte andras begränsande tyckande begränsa dig.
- Små steg varje dag tar dig framåt.

Joakims och mina samtal är fyllda av reflektion och vår vänskap har vuxit djupare än vad jag trodde var möjligt på så kort tid. Den 14 februari 2022 lyssnade jag på Joakim för första gången och kände på en gång att jag ville prata med honom. Tio dagar senare är Joakim gäst i min podcast Human Change. Under året som gått har vi spelat in flera avsnitt tillsammans, har planerade kurser på gång och jag vet att Joakim är en person man kan lita på. Vi har aldrig träffats fysiskt, på riktigt så att säga, men ändå är vår vänskap djupare än andra. I våra samtal har Joakim förmågan att förmedla det han vill få sagt med liknelser och metaforer. På samma enkla sätt gör Joakim det tydligt för dig som läsare vad som är väsentligt att förstå för att lyckas och bli framgångsrik.

Jag är säker på att du kommer lyckas och få den framgång du vill ha, följ det som står i boken och läs boken flera gånger.

Jag vill avsluta mitt första förord någonsin till en bok, till min kära vän Joakims första bok, med versen ur Lalehs låt "Framåt". Jag hörde låten för första gången samma dag som jag skrev mitt förord och kände direkt att den här versen ville jag ha med.

"Jag tittar över axeln
Och där ser jag alla spår
Nu står jag här och väntar (vad väntar du på?)
Jag kan bara hoppas
Att jag gjorde allt jag kan
Jag börjar hitta någon kraft i mig
Som jag inte visste fanns"

Vad väntar du på?

Daniel Magnusson

Coach, Entreprenör och Podcastvärd för podcasten Human Change

Stockholm, Sverige juni 2023

Tack

Jag skulle vilja ta tillfället i akt att uttrycka min innerliga tacksamhet till Daniel Magnusson och Yukiko Nakamura för deras ovärderliga bidrag till detta verk. Ert engagemang, ert gedigna arbete och er otroliga kompetens har varit nyckeln till att göra denna bok till verklighet.

Till Daniel vill jag tacka för din reflektion som har varit en källa till inspiration och jag känner mig oerhört privilegierad som haft möjlighet att arbeta tillsammans med dig. Du är inte bara en härlig kollega att bolla idéer med, utan även en mentor och en sann vän. Tack!

Till Yukiko vill jag tacka för din noggrannhet och skarpsynthet som förbättrat min text ytterligare. Du är inte bara min lärare utan också min livskamrat och flickvän. Tack!

Även om denna bok bär mitt namn på omslaget, vet jag att det inte skulle ha varit möjligt utan ert enorma bidrag. För allt ni har gjort, säger jag uppriktigt: TUSEN TUSEN TACK!

Kontaktuppgifter:

Daniel Magnusson: Coach, Entreprenör och Podcastvärd för podcasten Human Change.

Mail: daniel@humanchange.se

Yukiko Nakamura: översättare/tolk mellan tyska-japanska, japanska-svenska

Mail: panenakamura@nifty.com

INNEHÅLLSFÖRTECKNING

11

INLEDNING

ETT ANNORLUNDA PERSPEKTIV

Om du tvivlar på att du kan tjäna en miljon kronor på en månad, så rekommenderar jag att du frågar dig själv när du senast uppnådde något och vad som hjälpte dig att nå dit. Vad var din inställning till uppgiften och din verklighetsuppfattning då? Vilka föreställningar och förutsättningar hade du innan du lyckades? Med andra ord, vad tänkte du på?

Låt oss använda pantburkar som exempel. Om du behöver 100 kronor, skulle det då kännas omöjligt att samla ihop burkar för att nå den summan? Troligtvis inte. Då detta skrivs skulle du behöva panta 100 burkar. Det låter rimligt, eller hur?

Men om jag säger att du behöver tjäna 100 000 kronor på en månad, skulle du tro att det är möjligt? Förmodligen skulle du tycka att det är en fantasisumma, om du inte redan har upplevt det själv eller känner någon som har gjort det. Tänk på att jag inte pratar om att tjäna 100 000 kronor genom att panta burkar. Utan jag pratar om möjligheten att tjäna 100 000 kronor per månad som en återkommande, laglig inkomst.

Problemet är att vi jämför uppgiften med vår egen uppfattade verklighet. Men vad är egentligen möjligt om verkligheten beror på vad vi tror? Om jag frågar dig om det finns någon i världen som tjänar 100 000 kronor i månaden, skulle du svara ja utan att tveka. Men varför tror du inte att du kan vara en av dem? Vad får dig att tro att det är omöjligt? Bygger du det på förutfattade meningar som att du måste ha en bra utbildning eller vara väldigt smart?

När vi bygger upp anledningar till varför någon annan lyckades och varför vi inte kan göra samma sak säger vi kanske att de hade tur, de hade redan pengar, hade bättre förutsättningar eller bättre utbildning. Men hur vet vi vad som är möjligt när vi tittar på någon annan? Vi kan inte se in i deras huvud och förstå hur de tänker och agerar. Vi tenderar att separera oss själva från de som lyckas, om vi inte själva gjort det, när vi jämför oss med andra.

Det jag vill förklara är att i den stunden du lyckas med något inser du att det inte var så svårt som du föreställt dig. Samtidigt var det inte heller svårt på det sätt du hade tänkt dig. Med andra ord tror man sig veta vad som är problemet, men när du väl ser horisonten inser du att du hade en felaktig uppfattning om hur den skulle se ut.

I den här boken vill jag att du ska inse att det inte handlar om hur möjligt någonting är, utan snarare om de hinder som du skapar för dig själv. Det är viktigt att komma ihåg att så länge något **inte** är fysiskt omöjligt, är allting möjligt. Det handlar om att utmana dina egna tankemönster och förutfattade meningar för att se möjligheter som du aldrig tidigare har trott varit möjliga. Det handlar om att våga tro på dig själv och din förmåga att nå dina mål, oavsett hur stora de är. Kort sagt, att göra det omöjliga möjligt och just så lyckas du.

KAPITEL

ETT

FRÅN OMÖJLIGT TILL MÖJLIGT

"Det omöjliga finns bara tills någon lyckas bevisa motsatsen"
Albert Einstein

Det är viktigt att förstå att attityden du har gentemot en uppgift eller mål kan påverka ens förmåga att uppnå det. Om du ser det som omöjligt från början, är det lätt att ge upp innan ansträngningarna börjar ge resultat. Men om du istället tar det steg för steg och bryter ner målet i mindre delar, kan det kännas mer hanterbart och du kan se framsteg under tiden.

För att uppnå framgång är det viktigt att ha en klar riktning och tydliga mål i sikte, samt en plan för hur du ska nå dem. Många ser målet som en slutdestination och beger sig iväg på resan dit, men utan tydliga "vägskyltar" längs vägen kan det vara lätt att gå vilse eller tappa bort sig. Därför är det avgörande att du tar dig tid att reflektera över vilken riktning du vill ta och göra konkreta steg för att nå dit. På så sätt kan du öka chanserna att nå framgång på ett effektivt sätt och vara flexibel och anpassningsbar när hinder uppstår längs vägen. Istället för att bara hoppas på att lyckas, bör du ta kontroll och aktivt arbeta mot din önskade framtid.

Exempelvis kan du:

- Sätta upp ett mål på ett uppskattat datum när du vill att du ska nå det du vill uppnå.
- Dela tiden från idag till målet på hälften. Pratar vi om pengar så låt säga att om du ska tjäna 100 000 kr i månaden efter ett år så ska du ha som delmål att tjäna 25 000 kr i månaden efter 3 månader, 50 000 kr i månaden efter sex månader. Sen kan du dela upp det i veckor så vet du mer exakt vad du behöver åstadkomma. Därefter kan du även dela upp det i dagsmål för att se vad du ska göra från en dag till en annan.

Egentligen kan du sätta upp vilka mål du vill, men som sagt är det viktigast med en riktning och att vägen dit är rolig att gå. Det blir ju roligare när du vet var du är på resan.

Att förstå vad som krävs är en grundläggande aspekt av att nå dina mål. Exempelvis om du vill starta eget företag behöver du förbättra dina marknadsföringskunskaper, sök efter all tillgänglig information och bestäm dig för att ta till dig en ny kunskap åt gången. Investera tid i att lära dig de program och färdigheter som är nödvändiga för att uppnå framgång.

Att investera i din egen kunskap och kompetens är det mest värdefulla du kan göra för dig själv och din verksamhet. När du tjänar pengar, fundera på hur du kan använda dem för att generera ännu mer inkomst och skapa en stabil grund för din verksamhet. Lägg en del av dina intäkter på att förbättra dina färdigheter inom marknadsföring, teknik och kundtjänst.

Kom ihåg att din kunskap och dina färdigheter är ovärderliga tillgångar som kan hjälpa dig att lyckas i vilken verksamhet som helst. Så fortsätt att lära, växa och anpassa dig till förändringar, för din kunskap är något som aldrig kan tas ifrån dig. Med rätt inställning och kontinuerlig personlig utveckling kommer du att skapa en framgångsrik och hållbar verksamhet som står emot tidens prövningar.

Att reflektera för dig själv vilka föreställningar och förutsättningar du har kan hjälpa till att identifiera de hinder som kanske finns i ditt tankesätt och världsbild. Om tanken på att skaffa en miljon kronor känns som en omöjlighet, kan det vara bra att undersöka varifrån den föreställningen kommer och om det är en sanning som du helt enkelt accepterat utan vidare. Kanske finns det en möjlighet att justera din syn på saken för att få en mer öppen syn på hur du ska nå målet.

Många av oss fastnar i tanken att livet måste vara på ett visst sätt, precis som i exemplet med burkarna. Vi blir bekväma med att följa samma gamla mönster och tänker inte efter, trots att det kan hindra oss från att se möjligheter. Det kan vara svårt att ta sig ur den fällan och faktiskt tänka utanför lådan för att hitta nya sätt att tjäna pengar. Ett vanligt misstag är att jämföra ens egen verklighet med uppgiften och begränsa sig själv. Men vem säger egentligen vad som är möjligt eller omöjligt?

Det handlar om att vi ofta har en begränsande tro på oss själva och vad vi tror är möjligt att uppnå. Det är lätt att se på andra och tänka att de har mer tur eller bättre förutsättningar, men det är viktigt att inse att det som är fullt möjligt för någon annan också kan vara möjligt för en själv. Det handlar om att ha tillit till sig själv och sin egen förmåga för att nå sina drömmar, och inte låta sina egna begränsande tankar bli ett hinder för ens oändliga potential.

HUR JAG BEGRÄNSADE MIG SJÄLV?

För ett tag sedan insåg jag att jag ville skriva en bok. Jag tänkte att det skulle ta ungefär ett år och att jag bara behövde lägga ner tillräckligt, hur man nu mäter det och vet om något är tillräckligt, med tid på det för att lyckas. Kreativiteten har aldrig varit ett problem för mig, idéer kommer naturligt. Utmaningen har varit att implementera dessa idéer och faktiskt ta steget från idé och dröm till verklighet. Tid var en faktor jag trodde var avgörande för att skriva en bok, men tillgängligheten att faktiskt sitta ner och skriva var också ett hinder. Jag trodde jag var tvungen att sitta framför datorn för att kunna skriva min bok, men för bara någon vecka sedan upptäckte jag fördelen med att prata in texten istället. Detta öppnade en helt ny möjlighet som jag inte tidigare hade tänkt på. Nu kan jag "prata" in min bok på promenader, i bilen, eller andra situationer när jag inte sitter framför datorn och tangentbordet. Med det nya verktyget kan jag äntligen ta mig tid för på flera sätt för att förverkliga min dröm om att skriva en bok.

För att skriva boken satte jag upp vissa ramar som gjorde att jag lättare kunde räkna på hur mycket text jag skulle behöva för att räknas som en bok. Detta är inget universellt sätt att skriva en bok på och det är inte att ses som något allvarligt heller, utan mer som en intressant vägvisare. Så jag gjorde alltså ett matematiskt problem för att faktiskt kunna räkna ut vad det skulle krävas för att skriva min bok.

Jag ställde upp några parametrar för att räkna ut hur mycket text jag skulle kunna producera genom att prata in text. En normal sida i en bok har cirka 12 ord per rad och 28 rader, vilket ger ungefär 336 ord per sida. Enligt Google pratar vi i genomsnitt 150 ord per minut, vilket är nästan tre ord per sekund. Men för detta exempel antar jag att jag kan prata in ett ord i sekunden, vilket motsvarar 60 ord per minut.

Så, om jag skulle under 30 minuter varje dag prata in text, skulle jag producera 800 ord per dygn, vilket motsvarar fem sidor per dag och 25 sidor per arbetsvecka. Om jag gör detta varje dag i en månad skulle jag ha skrivit 100 sidor. Med en lättläst bok på runt 80 A4-sidor, som denna, så skulle jag lätt bli färdig inom en månad och säkerligen fortare än så om jag skulle använda helgen till mitt skrivande.

Med detta upplägg och med denna metod skulle jag kunna skriva en bok på en månad genom att använda funktionen att prata in mina reflektioner som blir text och mina helger för att skriva. Det är en effektiv metod för att få ut mina idéer och övervinna begränsningarna av tid och tillgänglighet för att skriva.

Fråga dig själv med facit i hand, kan du prata i minst 30 minuter om dagen? Om svaret är ja, är möjligheten att skriva en bok enkel. Det här exemplet är svart på vitt hur enkelt det kan vara att lägga upp en plan. Med rätt verktyg och rätt inställning har det som en gång var omöjligt blivit en möjlighet.

Att skriva en bok är enklare än vad man tror. Men för att sedan marknadsföra den kanske man ska rikta in sig på en målgrupp och därmed välja ord i texten samt omslag till boken, men det är något man lär sig på resans gång. Poängen här var faktiskt att visa att man bara ska sätta sig ner och skriva för att det är det enda hindret egentligen. Ofta tänker vi för många steg framåt och när vi summerar dessa steg så verkar det mer och mer omöjligt. Just därför är det viktigare att fokusera mer på vägen än på målet, eftersom så länge du endast fokuserar på målet så är det lätt att känna sig misslyckad.

Men om det nu är så enkelt, varför är det inte fler som gör det då? Jag skulle säga att du ska titta dig själv i spegeln och ställa dig frågan. Har du aldrig struntat i saker som verkar för enkelt eftersom du tvivlar på att det skulle gå? Det kan vara en utmaning att ta det första steget och komma igång, men när du väl gör det kan du upptäcka att det är lättare än du trodde. Så varför vänta längre? Det är dags att ta kontroll över din tid och exempelvis skriva den bok du alltid velat skriva.

SAMMANFATTNING

- Attityden gentemot ett mål kan påverka ens förmåga att uppnå det. Att bryta ner målet i mindre delar kan göra det mer hanterbart och ge en känsla av framsteg under tiden.

- Det är viktigare att ha en riktning än ett bestämt mål. Att sätta upp "vägskyltar" längs vägen hjälper till att identifiera var man befinner sig på resan.

- Att ha en begränsande tro på sig själv och vad man tror är möjligt att uppnå kan hindra en från att nå sina drömmar. Det handlar om att ha tillit till sin egen förmåga och inte låta sina egna begränsningar bli ett hinder för ens potential.

- Det handlar om att man själv målar sin egen verklighet och att ens verklighet inte bygger på vad som är sant, utan på vad man tror är sant.

KAPITEL

TVÅ

FÖR BRA FÖR ATT VARA SANT

Det som sägs är att när något känns för bra för att vara sant, är det någon som ljuger. Känslan av att något är för bra för att vara sant leder ofta till att man inte utforskar om det faktiskt är sant eller inte. Det innebär att när något känns bra, så är det troligtvis inte sant, och man borde inte lita på sig själv i dessa situationer.

Exempelvis, om du söker jobb och får ett jobberbjudande som betalar en lön på 55 000 kr i månaden, kanske du tänker "wow, det känns riktigt bra" men också "nej, det är för bra för att vara sant". Då börjar man leta efter dåliga saker i erbjudandet.

Genom att stänga dörren för det som känns bra och öppna dörren för det som känns dåligt bekräftar man bara sina negativa förväntningar. På så sätt blir det inte konstigt att man upplever det man förväntar sig. Om man tror att något är en lögn så tror man att någon ljuger, oavsett om det stämmer eller inte. Vi tror på det vi tänker.

Det finns de som tror att man bara ska öppna dörren för det som är positivt, men det kan leda till att man slutligen tror på en lögn. För att illustrera skillnaden, låt oss använda ett exempel med två personer, A och B. Person A tror på det positiva hos människor och är villig att ta risker, medan person B tror att allt är en lögn.

Om både person A och person B stöter på något som verkar intressant och givande, så hoppar person A på möjligheten och lär sig något nytt. Person B däremot, eftersom det låter för bra för att vara sant, hoppar inte på möjligheten och provar därmed inte det som erbjuds. I det här fallet visade det sig vara något positivt, person A både lärde sig något givande och fick uppleva något positivt, medan person B varken lärde sig något eller fick uppleva något positivt eftersom person B inte vågade satsa.

I ett annat exempel visade det sig att det var något falskt, och person A förlorade det som hen hade satsat, men hen lärde sig också att det var en lögn och kommer inte att göra samma misstag igen. På så sätt växer person A i båda fallen. Om vi jämför utvecklingen för person A och person B över tid, ser vi att person A förlorar ibland men lär sig mer och mer, vilket gör att hen inte förlorar lika ofta eftersom hen lär sig från sina misstag. Person B, å andra sidan, står kvar på samma plats och lär sig ingenting eftersom hen inte vågar ta risker. Samt att person B fortsätter att stärka sin falska tro att om det låter för bra för att vara sant är det någon som ljuger.

I verkligheten, där tekniska innovationer blir allt mer vanliga men vissa människor fortfarande väljer att hålla fast vid traditionella metoder, som att använda fysiska pengar istället för att lägga in korten i mobilen, innebär det att de som inte anpassar sig till förändringar riskerar att förlora i längden. Det kan verka som att person B är säkrare genom att inte ta några risker, men i själva verket blir den falska tryggheten mindre och mindre säker allt eftersom person B inte anpassar sig till den pågående utvecklingen.

Därför är det viktigt att lära sig av sina misstag och utforska vad som är sant och vad som är lögn, istället för att backa på grund av osäkerhet. Det handlar inte om att satsa allt på ett kort, utan snarare om att samla så mycket information som möjligt för att kunna avgöra vad som är sant eller inte. Ett enkelt sätt att göra det är att faktiskt läsa på om det man är osäker på, eftersom kunskap är det bästa botemedlet mot okunskap och vilseledande information. Dessutom är kunskap nyttigt för personlig utveckling, till och med en förutsättning för att utvecklas

Så nu när du vet att det är viktigare att röra sig framåt än att stagnera, fråga dig själv: Vad kan jag lära mig idag som jag inte visste igår?

Ta vara på den tid du har i livet och njut av allt som går att lära sig i nuet.

SAMMANFATTNING

- När något känns för bra för att vara sant, är det ofta så att vi inte undersöker om det verkligen är sant, vilket kan leda till att vi missar positiva möjligheter.

- Att fokusera endast på det negativa kan bekräfta våra negativa förväntningar och förhindra personlig utveckling.

- Personer som vågar ta risker och lära av sina misstag växer mer än de som undviker risker och inte anpassar sig till förändringar.

- Det är värdefullt och viktigt att samla information och kunskap för att kunna avgöra vad som är sant eller inte, vilket bidrar till personlig utveckling och framgång.

KAPITEL

TRE

HUR KAN VI KOMMA IGÅNG?

Börja med att skriva ner din vanliga vardagsrutin och sedan din helgrutin. Om du har ett gammalt skolschema i minnet kan du använda det för att göra en tabell med tiderna längs sidorna och dagarna längst upp, och sedan fylla i vad du brukar göra vid olika tidpunkter på olika dagar. Alternativt kan du använda dig av din favoritapp för att hålla koll på delmålen som du valt att uppnå. Det blir lättare om du kan bocka av för varje dag att du gjort dagens uppgift. Dessutom blir det roligare för dig om du ser allting du bockat av och att du faktiskt kommit någonstans, att du tar dig framåt

Det är viktigt att förstå att rutiner är avgörande för att uppnå dina drömmar. Rutiner hjälper dig att göra det som behövs för att nå dina mål, oavsett om du känner dig motiverad eller inte. Motivation är ofta överreklamerad och det är lätt att tro att den är avgörande för att nå framgång. Men sanningen är att motivationen ofta sviker oss och att det enda som är tillförlitligt är rutiner. Precis som en bil inte kan köras utan bensin och en fågel inte kan flyga utan vingar, kan du inte uppnå dina mål utan fasta rutiner. Motivation kan komma och gå, men om du har starka och effektiva rutiner, kommer du att fortsätta att göra framsteg även när din motivation sviktar. Så istället för att förlita dig på motivation, fokusera på att bygga och upprätthålla bra rutiner, och du kommer att se dina mål bli verklighet. Ditt schema eller din plan ger dig struktur och hjälper dig att hålla rutinen.

För att använda din tid effektivt är det viktigt att prioritera dina uppgifter och mål, att du fokuserar på det som är viktigast först. Att veta vad som är mest betydelsefullt för dina framsteg hjälper dig att undvika att känna dig överväldigad och att slösa tid på mindre viktiga saker.

För att avgöra huruvida något är viktigt eller inte är till en början subjektivt och beror naturligtvis på vilka mål du har. Men det finns några saker du kan tänka på:

- Gäller prioriteringarna personlig utveckling eller familj?
- står målet eller riktningen du har i linje med det du vill prioritera?
- Vad blir konsekvensen av de valen du väljer? Försök skapa dig en bild på hur det kan se ut kring de olika valen.
- Tänk på tiden, Om något kräver omedelbar uppmärksamhet kan det vara viktigt. Men kom ihåg att inte allt som är brådskande är nödvändigtvis viktigt på lång sikt.

Kom ihåg att vad som är viktigt för en person kanske inte är det för en annan. Att kontinuerligt reflektera över vad som är viktigt i ditt liv kan hjälpa dig att fatta bättre beslut och prioritera din tid effektivt.

Men innan du börjar är det absolut viktigast att säkerställa att det du vill göra faktiskt är något du vill uppnå och tycker är roligt. För även om målet är roligt kanske inte resan dit alltid är lika rolig. Därför är det viktigt med rutiner, schema och struktur. Dessa hjälper dig att hålla riktningen när du känner dig vilse eller till och med uppgiven. Meningen är att du inte ska behöva tänka på vad du ska göra, utan bara göra det utan att behöva fundera på vad du ska göra. För när du börjar tänka för mycket och det leder till ett grubblande så leder detta, inte allt för sällan, till att du ger upp eller ser det, återigen, som omöjligt för dig och du ger upp.

Reflektera regelbundet över dina framsteg och utvärdera om du är på rätt väg. Ta dig tid att då och då tänka på vad du har uppnått och vad som fungerar bra, samt vad som kan förbättras. Denna reflektion hjälper dig att justera dina strategier vid behov och säkerställa att du fortsätter att utvecklas och lära dig på vägen mot dina mål.

Nu när du har förstått varför de olika pusselbitarna är nödvändiga för att lägga pusslet kan vi gå vidare till kapitel fyra.

- Skriv ner din vanliga vardagsrutin och helgrutin, antingen på papper eller i en app.
- Schemalägg dina rutiner i din kalender, exempelvis med vilka dagar och tider en rutin ska utföras.
- Motivation är överreklamerad och opålitlig, medan rutiner är tillförlitliga.
- Säkerställ att det du vill uppnå faktiskt är något du vill och tycker är roligt.
- Meningen med rutiner är att du inte ska behöva tänka på vad du ska göra utan du bara gör det som ska göras.

KAPITEL

FYRA

VILKA PERSONER UMGÅS DU MED?

Jag vill klargöra något som är sant enligt min erfarenhet i det här avsnittet av boken. Det är helt upp till dig vilka personer du umgås med på din resa mot framgång. Jag tycker dock att det är viktigt att du omger dig med personer som tror på dig och dina drömmar och som vill att du ska lyckas lika mycket som du själv vill. Varför skulle du vilja umgås med en person som inte tror på dig?

Till att börja med vill jag klargöra ett par saker som kan uppstå när du helt plötsligt börjar starta och göra något nytt:

- Personer i din omgivning kommer att se annorlunda på dig och du på dem eftersom du inte är "som du brukar vara". Detta är normalt och det är inget du behöver bry dig om.

- Personer i din omgivning kanske påpekar just det, att de ser något annorlunda hos dig och kanske frågar dig vad som är annorlunda, om det har hänt något, vad du har för dig.

- Tänk dig för innan du svarar. Anledningen till detta är att det finns personer i din omgivning som "vet" att det inte går att lyckas. Men det gäller dem och du är inte dem, så det gäller inte dig. Gå aldrig in i en diskussion för att förklara varför just du lyckas, de bryr sig ändå inte. De själva hade säkert en dröm som de inte har kunnat uppnå eftersom de kanske gav upp för tidigt. Om inget annat kan du ge dem förslaget att läsa denna bok.

I början kan det vara svårt att förklara allt det nya som du upplever, vilket kan vara svårt att sätta ord på, även om du någonstans vet att det är rätt. Jag föreslår att du förklarar dig kort för andra eller inte alls förrän du är helt säker på din sak. Självklart kan det finnas personer som är genuint intresserade, men då är det ju ändå enklare att berätta när du själv har mer kött på benen, eller hur?

För att uppnå framgång är det viktigt att du tar ansvar för dina handlingar och resultat. Det är enkelt att skylla på andra när saker inte går som planerat, men i slutändan är det bara du själv som kan ta kontroll över din egen framtid. Det innebär ibland att du måste arbeta fokuserat, göra smarta val och ta risker när det behövs. Att skylla på andra kommer inte att leda dig dit du vill. Det enda du behöver göra är att ta ansvar för dina egna prestationer och lära dig av dina misstag. Genom att göra det kommer du att öka dina chanser att uppnå dina mål och bli framgångsrik.

Vi alla börjar inte från samma startpunkt och har inte samma förutsättningar, men ingen annan person kan ta ifrån dig din strävan att uppnå det du vill. Detta beror på att strävan inte har något fysiskt med dig att göra, utan det handlar bara om hur du tänker. Vad jag menar med att vi alla inte har samma förutsättningar är att alla inte kan bli framgångsrika inom samma område, eller att någon har andra förutsättningar som ger personen ett "försprång" när de startar. Som ett exempel har en storväxt person större fördel rent fysiskt när det gäller att lyfta tyngre vikter i en tungviktstävling och så vidare. Ett annat exempel är om någon har nätverk av bra kontakter eller mer resurser. Det som är avgörande i slutändan är vem som slutför och inte ger upp för att de fastnar i alla tankar på vad de har eller inte har. Det finns massor med människor som har alla förutsättningar i sitt liv i form av olika resurser som kapital, kontakter och support för att kunna starta sin resa, men ändå lyckas de inte. De kanske inte ens startar, trots att de vill. Sen finns det massor av människor som inte har några resurser alls, och ändå lyckas de. Oavsett vilka förutsättningar du har eller vilken startpunkt du utgår ifrån kan du lyckas.

Tanken du har framför dig blir penseln du målar din verklighet med. Om verkligheten du målar är baserad på den tanken du har för stunden, och det beror på vad du tänker, varför har då andra personers åsikter stor betydelse för dig? Därför att vi har alla förmågan att dra förhastade slutsatser. Därför kan det ibland hända att vi oreflekterat hamnar i en negativ tankegång som målar vår verklighet lite mörkare. Det kan vara svårt att skilja på en tanke och verkligheten ibland. Till exempel kan en stol uppfattas som ful, men det är subjektivt och inte en objektiv verklighet. Dessutom, det som vi uppfattar som fult på utsidan är ofta en reflektion av något vi anser vara fult inom oss själva. Det är våra egna tankar och föreställningar som bestämmer att något är fult, och därför formas vår uppfattning därefter. Men det finns ingen sanning i det.

Jag vill betona att personer i din omgivning som tenderar att måla sin verklighet i dystra och pessimistiska färger har en förmåga att överföra sin negativa syn på livet till dig utan att du ens märker det. Plötsligt befinner du dig i samma situation, målandes din verklighet med en pensel som inte tillhör dig och som färgar dina drömmar och ambitioner med dysterhet och pessimism. Du kan inte skylla på din vän för detta, eftersom de själva inte inser hur de påverkar dig. Din vän kanske inte heller är medveten om att det är deras pensel som färgar deras verklighet grå och negativ (alternativt pessimistisk). De tror att verkligheten som vi alla upplever är densamma, men egentligen är det en subjektiv upplevelse av den. Om du försöker visa din vän att en annan pensel kan ge en ljusare och vackrare bild så kommer det troligtvis att mötas med motstånd, eftersom det strider mot deras redan målade bild av verkligheten. Tyvärr är det alltför vanligt att människor målar sina målningar med en dyster pensel, och ju längre de målar med den, desto mer verklig blir den.

Om du vill lyckas med det du drömmer om med minsta möjliga motstånd är det bästa för dig att ha så få dystra penslar som möjligt att måla med.

Om du har någon vän, bekant eller till och med släkting som alltid ser allting i negativa färger, är det viktigt att du inte låter deras synsätt och inställning påverka dig och dina drömmar. Det innebär inte att du måste avsluta din relation med dem helt, men det kan vara bra att begränsa den tid du spenderar med dem och fokusera på att umgås med personer som har en mer positiv syn och attityd och som stöttar dig och dina ambitioner.

Här är några steg du kan följa för att omge dig med positiva och stöttande personer:

1. Identifiera personer i ditt liv som är negativa och som inte stöttar dina mål. Reflektera över de vänner som stöttar dig, ger energi och de som inte gör det. Du behöver inte alltid säga upp vänskapen tydligt och klart. Ibland räcker det att du bara låter "vänskapen" dö ut genom att vara upptagen, vilket du redan är. Därefter kommer vänskapen ofta att tunnas ut till intet.

2. Begränsa tiden du spenderar med negativa personer. Försök att undvika onödiga samtal och interaktioner

med dem och sök istället sällskap med dem som stöttar och uppmuntrar dig.

3. Sök nya vänner och bekantskaper som delar dina intressen och värderingar. Gå med i klubbar, organisationer eller nätverk där du kan träffa likasinnade personer som kan stötta och inspirera dig.

4. Se till att själv vara en positiv och stöttande vän. Kom ihåg att du också har en inverkan på andra människors liv och att du kan vara en källa till stöd och inspiration för dem.

5. Försök att hitta personer som är mer framgångsrika än du inom det område där du vill lyckas. Det kan vara alltifrån en person som du tar kontakt med eller bara följer på exempelvis något socialt media eller YouTube. Någon som kan fungera som någon mentor åt dig.

Genom att reflektera över dessa steg och fokusera på att omge dig med positiva och stöttande personer kommer du att skapa en stark grund för att uppnå dina mål och drömmar. Kom ihåg att du alltid har kontroll över vilka personer du väljer att ha i ditt liv och att du är ansvarig för din egen framgång.

Jag hoppas att det är självklart att jag inte försöker tala om för dig vem du ska umgås med eller inte. Du kommer själv att skapa din framgång, och det är något som varken jag eller någon annan kan göra åt dig.

SAMMANFATTNING

- Det är viktigt att omge sig med personer som tror på dig och dina drömmar.

- Undvik att gå in i diskussioner med personer som inte tror på din förmåga att lyckas.

- Ingen annan person kan ta ifrån dig din strävan att uppnå dina mål.

- Personer i ens omgivning kan överföra sin negativa syn på livet till en utan att man märker det.

KAPITEL

FEM

VAR SPARSAM MED DIN ENERGI

Att uppnå framgång och nå ens mål kräver både energi och riktning. När du har klargjort din riktning är det viktigt att använda din energi på ett effektivt sätt för att nå dit du vill. Detta innebär inte bara att sova tillräckligt, äta rätt och planera i förväg, utan också att eliminera onödig irritation och distraktion från ditt liv.

Frågan ska inte användas som en metod eller ironi, utan som en självreflektion. Finns det något av värde i det som irriterar dig som kan hjälpa dig att nå ditt mål? Om inte, är det bättre att släppa taget om irritationen och fokusera på det som faktiskt betyder något för dig och din framgång.

Att vara arg och irriterad tar mycket energi och kan leda till distraktion och förlorat fokus. Genom att istället fokusera på din riktning och vad som verkligen betyder något för dig kan du skapa energi och motivation. När du inser detta kommer du också att förstå att du inte behöver spendera tid och energi på saker som bara drar ner dig och tar bort fokuset från dina mål.

Till slut är irritation och negativa tankar bara en varningsklocka som signalerar att du har tappat fokus och riktning. Precis som att köra på en väg och träffa de vita strecken som orsakar buller och störning, är irritationen bara ett tecken på att du är på fel väg. Genom att återigen fokusera på din riktning och mål kan du undvika dessa distraktioner och fortsätta på vägen mot din framgång.

SAMMANFATTNING

- Energi och tydlig riktning är viktiga delar som skapar framgång.

- Det är viktigt att reflektera över vad som verkligen är viktigt för att nå dina mål, och undvika saker som bara är distraktioner och irritationer.

- Negativitet och irritation tar energi och kan skapa distraktioner. Genom att fokusera på vad som verkligen betyder något kan du nyttja din energi effektivare.

- Irritation och negativa tankar är tecken på att du har tappat fokus. Att återuppta fokus på dina mål hjälper dig att undvika dessa distraktioner och fortsätta framåt mot dina mål.

KAPITEL

SEX

DET ÄR EN VANA ATT MÅ DÅLIGT

Innan jag insåg allt det som jag vet nu, trodde jag att allt det dåliga i mitt liv berodde på vem jag var. Jag hade skapat en vanemässig negativ självbild som höll mig tillbaka från att vara mig själv. Jag tänkte att jag inte kunde lyckas med någonting eftersom "sån var jag". När jag ville göra något som kändes bra för mig, uppfattade andra det som konstigt och utstickande, och jag blev tillsagd att gå in i "ledet" igen. Det var viktigt att vara ordentlig, att anpassa sig till normen och att inte gå runt och flumma.

Men vem skulle jag vara om jag hela tiden *försökte* vara som alla andra? Varför kändes det så befriande när jag släppte taget och inte längre tvingade mig själv att anpassa mig? Jag insåg att jag bara kunde vara självständig om jag tillät mig själv att vara mig själv. Jag behövde hitta min egen väg och följa mina egna drömmar, men det var inte alltid lätt när andra förväntade sig att jag skulle stanna kvar inom ramarna.

Jag började ifrågasätta vad verkligheten egentligen var. Vem definierar vad som är "rätt" och "fel"? Varför var det viktigare att passa in än att vara sann mot sig själv? Jag insåg att min verklighet var lika viktig som någon annans, och att jag hade rätt att skapa mitt eget liv och min egen framtid.

Nu vet jag att det inte är en vana att må dåligt. Det är en vana att tro på negativa tankar och att begränsa sig själv. Men kom ihåg att du inte behöver göra det du tänker, och du behöver inte ens klura ut varför du tänker det du tänker. Du kan bara låta tankarna komma och gå, för det gör de, även om du bryr dig om att fokusera på dem eller inte. Det är inte alltid enkelt, men ju fler gånger du inser att du inte behöver bry dig, desto mer övertygad om illusionen av din "verklighet" blir du. När du ser att det är dina tankar som skapat allt och att du inte valt dina tankar personligen, förstår du bättre hur vi människor fungerar, egentligen.

SAMMANFATTNING

- Misslyckanden beror inte på inneboende egenskaper.
- Där finns en frihet i att vara sann mot sig själv och inte försöka passa in i andras förväntningar.
- Du skapar dina egna möjligheter och din egen framtid.
- Dina tankar blir din verklighet och när du kan se det så behöver du inte bry dig om negativa tankar utan låta dem passera.

KAPITEL

SJU

OM DET ÄR SÅ BRA, VARFÖR GÖR INTE ALLA DETTA?

Om det är så bra, varför gör inte alla detta? Tyvärr beror det oftast på rädsla. Rädslan kan antingen vara att vi tvivlar på vår egen förmåga att lyckas, eller så är vi rädda för vad andra ska tycka om oss om vi misslyckas. Om vi skäms över att misslyckas när andra ser på, då kan skammen bli dubbelt så jobbig. Därför är det ibland lättare att inte försöka alls.

En annan orsak kan vara att det blivit en vana. Många är vana vid att jobba på ett vanligt jobb, där lönen inte påverkas särskilt mycket av hur hårt man än arbetar. Den vanliga inställningen är att man inte kan bli rik på det jobbet man har, oavsett hur mycket man arbetar. Det är sant i den mån att om du jobbar under någon annan så kan du aldrig få den stora summan. Däremot är inte jobbet i sig det som är problemet, man kan bli rik på vilket jobb som helst. Det är bara det att du måste vara den som är i toppen av jobbet. Du måste med andra ord vara den som kan påverka din egen inkomst för att kunna bli framgångsrik.

Men för att bli framgångsrik krävs det en handling och en plan. Att sätta upp en riktning och arbeta lite varje dag är en viktig del av processen. Det handlar också om att ta planerade beslut, investera i sig själv och sin utbildning, och att våga ta risker. Felet många gör är att försöka hålla i pengarna så fort de får dem. Det man borde göra istället är att investera dem i utbildning eller något som gör att man kan vidareutveckla processen för att skapa mer pengar.

Vare sig du tror på huruvida du kan bli framgångsrik eller inte, så är det ett faktum att det faktiskt finns människor som har uppnått stor framgång. Med stor sannolikhet även inom samma område som du vill bli framgångsrik i. Om någon sätter sig framför dig och berättar exakt vad du behöver göra för att uppnå samma sak, då är det upp till dig att ta det på allvar och faktiskt försöka.

Det är sant att det som du tror på kan bli sant för dig. Om du tvivlar på möjligheten att uppnå något, då kan det bli en självuppfyllande profetia och du kommer att ha svårt att nå ditt mål. Men om du tror på möjligheten och arbetar mot det, då kan det faktiskt bli verklighet. Det betyder inte att allt du kan komma på är möjligt, men det betyder att du har bättre chanser om du tror på dig själv och tar möjligheter när de uppstår. Slutligen är ju frågan, "vem är det som avgör vad som är möjligt?".

Så, om du ser en möjlighet framför dig, tänk inte att det är för bra för att vara sant. Istället, fråga dig själv vad du vill uppnå och vad som skulle vara möjligt om du trodde på dig själv och dina möjligheter. Sanningen är att det du tänker på och tror på kan bli sant för dig.

Allt du tror på är sant för dig. Men allt du trott på innan har inte varit sant, eller hur? Men om du frågar dig själv nu om "allt du tror på är sant" så svarar du nog "ja, det är ju därför jag tror på det, eftersom det är sant." eller hur?

Med detta facit i handen så skapar vi ju faktiskt den verklighet vi upplever genom den linsen för vad vi tror på. Vi skapar en verklighet som egentligen inte finns. Enklast att se detta är en sådan sak som just pengar.

Pengar är påhittat. Pengar består av sedlar, mynt och siffror, men det är inte avgörande. Man måste faktiskt tro på pengar för att det ska ge en effekt. Snacka om att vi människor har skapat något från ingenting men som idag är något vi alla tror på och tar som verklighet. Så vad är det som säger att du inte kan nå framgång, egentligen?

Att bryta gamla mönster och övertygelser är inte alltid lätt. Men det är faktiskt enklare än du kanske tror. Det krävs självreflektioner, i form av att ifrågasätta saker du tar för givet. Att fråga dig själv "Varför gör jag alltid så här?" eller "Finns det egentligen någon saklig grund för att jag måste göra just så på det här sättet?" kan vara en givande frågeställning för att se efter vad som är möjligt. Även om det kan vara jobbigt till en början är det en resa som är väl värd att ta, för när du börjar se att ditt tänkande inte är riktigt så "verkligt" som du tänkt dig och att din inställning till framgång faktiskt är enklare att nå än du tror, kommer du att märka att dina möjligheter ökar och att du får nya idéer och insikter som hjälper dig på vägen mot dina mål.

Om du har hopp om att tro på dig själv och dina drömmar, så kommer du att se att framgång inte bara är möjlig, utan också något som du förtjänar och har rätt till. Och när du når dit, kommer du att inse att det enda som någonsin stod i vägen för din framgång var dina egna begränsande tankar och övertygelser.

Så låt inte rädsla och osäkerhet styra ditt liv. Välj att tro på dig själv och din förmåga att skapa den framtid du drömmer om. När jag skriver att du ska tro på dig själv så menar jag att du ska se att det är möjligt. Se varför du kan lyckas. Se vad som håller dig tillbaka. Om det inte är något fysiskt som håller dig tillbaka, då är det bara dina tankar som gör det, inget annat. Det är inte alltid lätt att förstå att det endast är dina tankar som står i vägen, men ju mer du ser det desto lättare blir vägen mot ett framgångsrikt liv.

SAMMANFATTNING

- Många människor är rädda för att försöka och misslyckas, vilket hindrar dem från att ta chanser och bli framgångsrika.

- För att bli framgångsrik krävs handling, planering, smarta beslut, investering i sig själv och utbildning, och att våga ta risker.

- Att tro på sig själv och sina möjligheter är viktigt för att nå framgång.

- Vi skapar vår verklighet genom vad vi tror på, och pengar är ett exempel på något som är påhittat men som vi alla tror på och tar som verklighet.

KAPITEL

ÅTTA

BLI MEDVETEN OM VAD DU FOKUSERAR PÅ: TID ÄR PENGAR

Tid är pengar, som det gamla uttrycket säger, och det som du lägger din energi och uppmärksamhet på kan påverka dina resultat.

Att lägga för mycket tid och energi på negativa saker som vi inte kan kontrollera kan leda till stress och oro. Därför är det viktigt att ha rutiner och fokusera på det som är viktigt för oss, så att vi kan nå våra mål och uppnå framgång.

Eftersom "tid är pengar" kan det vara lätt att tro att man ska prioritera jobb över sömn. Det finns även de som säger att sova fyra timmar per dygn är kravet för att bli framgångsrik.

Sanningen är dock den att om du inte tar hand om din kropp och hälsa nu, hur kan du förvänta dig att den ska fortsätta fungera och ta hand om dig i framtiden? Att ignorera kroppen och hälsan på kort sikt är inte en hållbar lösning på lång sikt, eftersom din kropp är det viktigaste verktyget för att kunna utföra saker och ting i livet. Om ditt mål är att kroppen ska må bra genom att du når din framgång, varför ska du då börja med att förstöra och försvåra för den på resans gång? Om du tar hand om din kropp så tar din kropp hand om dig.

En annan sak som är viktig att komma ihåg för att inte slösa bort tid är att inse att andra människors beteenden inte handlar om oss. Det kan vara en reflektion av deras egna problem eller utmaningar. Så när du stöter på någon som kör som en idiot i trafiken, kom ihåg att det inte handlar om dig. Ibland kan irritationen vara svår att sätta fingret på så ibland kanske ett finger pekas eller sträcks upp mot någon eller något. Men oavsett vad det är kan en enkel fråga underlätta att ställa sig själv: "hur hjälper detta mig?".

Att reflektera över om något är värt din tid eller inte kan hjälpa dig att nå dina mål med mindre ansträngning. Om du inser att de flesta av dina dagliga aktiviteter kan bidra till din framgång, blir du mer öppen för att hitta lösningar istället för att slösa bort tiden på att leta efter hinder och ursäkter som en anledning till att inte nå dina mål.

När det talas om att bli framgångsrik kan vissa tro att det handlar om att jobba hårt och aldrig ge upp. Det handlar i själva verket om att arbeta smartare, inte hårdare. Det handlar om att nyttja varje ögonblick och använda det på bästa sätt för att uppnå dina mål. Det handlar inte om att offra all din tid och sömn, eller att äta på språng. Om din dagliga rutin är som ett hjul och din rutin består av trötthet och hunger så blir ditt hjul kantigt och därmed får det väldigt svårt för att rulla.

Personer med ekonomiska svårigheter har oftast väldigt mycket tid över. Vilket inte är ett problem i sig. Problemet ligger dock i var de spenderar sin tid och pengar på.

Lägger du tid på Netflix, Instagram, Facebook, Tik Tok, YouTube, spelar tv-spel, spenderar du din tid på helt fel sätt, om målet är att du ska förbättra din inkomst. Inget av den investerade tiden kommer ge dig något i framtiden, om du tänker efter. För att förstå enklare kan du bara notera vad du gjorde igår och sen låtsas att du gör samma sak i ett år framöver. Om du inte ser någon förändring som leder dig till din framgång efter att ett år gått förbi, bör du kanske tänka på hur du ska göra för att du ska få din önskade förändring.

Ett annat exempel är personer som arbetar för att tjäna pengar, men deras inkomster är inte tillräckliga för att de ska kunna njuta av fritid medan de har pengar kvar. Istället är deras inkomster oftast tillräckliga för att endast täcka hyran och räkningarna, och inget mer. Det innebär att deras jobb betalar så pass dåligt att oavsett hur mycket de arbetar så kommer de aldrig att bli rika genom det.

Tänk dig istället en person som köper en byggnad för 100 miljoner och säljer den för 110 miljoner kronor. Tiden det tar att tjäna de extra 10 miljonerna sker ju blixtsnabbt. Skillnaden för att du ska kunna göra detta beror på din färdighet. Det har alltså inte med den fysiska ansträngningen direkt att göra för att tjäna dessa tio miljoner på ett ögonblick. Därför vill jag tala om för dig att din ansträngning inte alltid är avgörande för hur mycket pengar du kommer tjäna.

Om du är låginkomsttagare eller strax över borde du prioritera att utbilda dig kring något som kan generera pengar. Ett exempel jag föreslår är att du väljer marknadsföring och försäljning. Eftersom oavsett vad du ska tjäna pengar på, kommer du att ha nytta av marknadsföring och försäljning om du ska starta ett eget projekt eller företag.

Det är klokt att investera din tid i att vidareutveckla de färdigheter du redan besitter. Vi har alla unika talanger, vissa av dem verkar vi födas med, och dessa naturliga styrkor kan ofta utvecklas snabbare och mer effektivt än färdigheter vi inte naturligt lutar mot. Istället för att starta från noll med en ny färdighet, utnyttja de talanger du redan har för att maximera ditt framåtskridande.

Att göra fel kan verka som något negativt på ytan, men det finns stor värde i att begå misstag och det är en viktig del av lärande- och förbättringsprocessen.

- **Lärande:** Varje fel du gör ger en möjlighet att lära sig något nytt. Du får en förståelse för vad som inte fungerar och kan sedan anpassa ditt tillvägagångssätt i framtida försök.

- **Utveckling av problemlösande färdigheter:** Genom att göra misstag och sedan rätta till dem, övar och utvecklar du dina problemlösande färdigheter. Detta kan göra att du blir bättre rustad för att hantera och lösa utmaningar i framtiden.

- **Utveckling av uthållighet och tålamod:** Att göra fel, särskilt upprepade fel, kan vara frustrerande. Men genom att uthärda dessa motgångar utvecklar du uthållighet och tålamod - två viktiga egenskaper för framgång.

- **Innovation:** Många av världens mest framstående uppfinningar och upptäckter har kommit till på grund av misstag. Genom att experimentera, göra fel, och sedan justera, kan vi snubbla över nya och innovativa idéer eller lösningar.

- **Framsteg:** Varje fel du gör är ett steg närmare att få det rätt. Att exempelvis göra "tusen fel" innebär att du har gjort tusen försök - tusen tillfällen att lära, anpassa, förbättra och göra framsteg.

Så att göra "tusen fel" bör inte ses som tusen nederlag, utan som tusen lärdomar, tusen tillfällen att utveckla och förbättra dina färdigheter, och tusen steg mot att uppnå ditt mål. Som Thomas Edison, uppfinnaren av glödlampan, en gång sa: "Jag har inte misslyckats. Jag har bara hittat 10 000 sätt som inte fungerar."

SAMMANFATTNING

- Att ignorera kroppen och hälsan på kort sikt är inte en hållbar lösning på lång sikt.
- Arbeta smartare, inte hårdare.
- Att spendera tid på sociala medier och spel kan vara ett slöseri med tid.
- Att investera i din färdighet kan hjälpa dig att öka din kunskap och uppnå mer i livet.

KAPITEL

NIO

LYCKA KAN INTE KÖPAS FÖR PENGAR

Att söka lycka genom att enbart fokusera på pengar är en villfarelse. Även om pengar kan erbjuda viss säkerhet och möjligheter, är det aldrig en garanti för lycka och välbefinnande.

Det finns många exempel på människor som har tjänat stora summor pengar, men ändå känt sig olyckliga. Exempelvis, Chris Cornell från Audioslave och den svenska DJ:n Avicii var båda extremt framgångsrika och hade omkring en halv miljard svenska kronor på sina konton. Trots detta led de båda av allvarliga psykiska hälsoproblem, vilket tragiskt nog ledde till att de tog sina egna liv. Detta illustrerar att det inte nödvändigtvis finns en direkt koppling mellan rikedom och personligt välbefinnande, trots att det ibland kan verka vara så. Anledningen till att pengarna i sig inte kan göra dig lycklig beror på att lycka är en känsla. En känsla kommer inifrån och beror på den uppfattning man har i den stund man upplever den. Man kan ha en viss summa pengar och vara antingen ledsen eller glad, utan att den summan har förändrats. Det beror på att det inte finns någon direkt koppling mellan pengar och välmående, även om det ibland kan verka så.

Nyckeln här är att reflektera över vad du vill uppnå och varför, men se till att det inte är lyckan som är målet. Om lyckan skulle vara målet betyder det att du inte är lycklig på resans gång utan snarare att du skulle vara misslyckad hela vägen tills du nått ditt mål. Men på detta sätt kommer du inte att lyckas.

Att lyckas handlar om att göra det man vill för att man vill det innerst inne. Det handlar om att ha lyckan som utgångspunkt och drivmedel istället för att vänta på att "en vacker dag kommer det bli bra".

Därför är det viktigt att veta att lycka inte kan köpas för pengar även om det ibland kan kännas så. Skillnaden mellan pengar och lycka är att lycka är något du föds med och pengar är något du behöver lära dig att förstå användningen av.

Slutligen kan det vara bra att inse att du inte behöver hitta alla svar på en gång, allting behöver inte hända idag. "Lite varje dag, blir ett berg om ett tag".

SAMMANFATTNING

- Sökandet efter lycka enbart genom pengar är en missuppfattning. Pengar ger visst säkerhet och möjligheter men garanterar inte lycka.

- Lycka är en känsla som kommer inifrån och är inte direkt kopplad till pengar. Man kan vara ledsen eller glad oavsett mängden pengar man har.

- Du behöver inte hitta alla svar på en gång, och allt behöver inte hända idag. Gradvis framsteg kan leda till betydande resultat över tid.

KAPITEL

TIO

ATT VÅGA TRO PÅ SIG SJÄLV TROTS ANDRAS TVIVEL

Vi har en tendens att fastna i våra vanor, både de bra och de dåliga. Men de dåliga vanorna kan bli våra största hinder och ursäkter för att inte lyckas. Har du någonsin känt dig så inspirerad av en fantastisk idé, bara för att mötas av en annan person som tror att det inte kommer att fungera? Det kan krossa din entusiasm och få dig att tvivla på dina möjligheter att lyckas. Även om du kanske gör ett försök, kan känslan av energiförlust och tvivel hindra dig från att uppnå dina mål.

Men det är viktigt att komma ihåg att ett misslyckande inte är en total förlust. Snarare tvärtom, det är så du lyckas till slut. Varje försök ger dig en chans att lära dig och växa, även om det inte går som planerat. Det kan vara svårt när andra ser på dig som om du har misslyckats, men det är viktigt att hålla fast vid din vision och låta din passion och drivkraft fortsätta brinna.

Det är viktigt att förstå att det är du som ska förverkliga dina idéer, inte de andra. Låt inte andras begränsningar hindra dig från att bli den bästa versionen av dig själv. Fortsätt att brinna för det du tror på och använd varje motgång som en möjlighet att växa och lära dig mer.

Lägg aldrig välmående eller lyckan i andras händer eftersom du då är både dömd att må dåligt och misslyckas.

SAMMANFATTNING

- Vi har en tendens att fastna i våra vanor, inklusive dåliga vanor, vilka kan hindra oss från att lyckas och bli ursäkter för misslyckande.

- Ett misslyckande är inte en total förlust, utan snarare en möjlighet att lära sig och växa, även om det kan kännas svårt när andra ser det som ett misslyckande.

- Det är du själv som ska förverkliga dina idéer. Andras begränsningar ska inte hindra dig från att bli den bästa versionen av dig själv.

- Det är viktigt att inte lägga sitt välbefinnande eller lycka i andras händer, för att undvika att må dåligt och misslyckas.

KAPITEL

ELVA

ATT VÅGA STICKA UT - LÄRDOMAR FRÅN ATT TA EGNA
BESLUT

Det som verkligen betyder något är vad du tror på och
agerar efter, snarare än vad du uttrycker högt. Snacka går
ju, men om du verkligen vill komma någonstans är det inte
på snacket som du ska lägga krutet. Se dina utmaningar som
ett tillfälle för utveckling och något du testar för att se om
det är hållbart att kanske införa i din plan, din rutin, i ditt
företag och så vidare.

Ett tecken på att du är på rätt väg är när andra börjar undra
varför du sticker ut eller vad du gör annorlunda. Vissa av
dem kan vara nyfikna, medan andra kan ifrågasätta dig
eftersom de själva inte vågar ta risker eller bryta sina
invanda mönster. Men låt inte dem undergräva din

självständighet eller din passion för det du tror på. Om någon ifrågasätter dig kan du helt enkelt säga att du har valt din egen väg och/eller inte har tid att diskutera det.

Kom ihåg att det är dina handlingar och övertygelser som möjliggör dina framgångar, inte vad andra säger eller tycker om dig. Alltför ofta har jag hamnat i onödiga samtal kring insikter jag fått, där jag gärna velat bolla och dela med mig av detta, med personer som jag känner. Trots att de inte befinner sig på samma plats som jag, tror de sig förstå min situation och ger mig råd. Det är frustrerande när de inte har den erfarenhet som krävs för att se den horisont jag ser, men ändå påstår sig veta mer. Dessa diskussioner, som ofta är mer baserade på deras antaganden än på det jag faktiskt har insett, visar sig i slutändan vara onödiga.

För att undvika att hamna i en sådan diskussion tar jag upp mer om detta i kapitlet "Vilka personer du umgås med".

Om varje ursäkt vore en krona skulle alla haft en miljon. När det gäller ursäkter kan de ofta framstå som en bekväm lösning. Men sanningen är att varje gång vi väljer att avstå från något vi egentligen borde göra, berövar vi oss själva möjligheten att växa och utvecklas. Tänk på alla de gånger du har tänkt "jag kan inte" eller "jag har inte tid". Om du skulle samla alla dessa ursäkter och omvandla dem till pengar, skulle du förmodligen vara rik idag. Andra sidan av myntet är också att du skulle ha varit lika många erfarenheter rikare ifall du struntat i att ursäkta dig.

Men hur kan du bryta detta mönster och undvika att fastna i dina egna ursäkter? Ett sätt är att börja med små steg. Istället för att tänka på allt du måste göra, välj en uppgift som du kan hantera just nu. Ta två alternativ som skiljer sig åt, det ena är att titta på två timmar film och det andra är att du läser ett kapitel i en bok om något du vill lära dig varje dag. Multiplicera sedan detta med 365, det vill säga ett år, och se vilket av dessa två alternativ som har haft störst effekt. Därmed kan du fråga dig själv vad du helst hade velat ha åstadkommit under det gångna året. På så sätt kan du tydligare se vilket val som kan bli avgörande för dig och din framgång. Samtidigt bygger du upp ett momentum och ökar din självinsikt.

En annan strategi är att göra en lista över dina mål och sedan bryta ner dem i mindre delar. På så sätt kan du fokusera på en sak i taget och undvika att känna dig överväldigad. Ge dig själv tillräckligt med tid och utrymme för att utföra uppgiften. Planera i förväg och se till att du har allt du behöver för att lyckas.

Kom också ihåg att det är helt normalt att känna motstånd och oro inför nya utmaningar. Men det är viktigt att inte låta rädslan hindra dig från att ta de steg som behövs för att nå dina mål. Ju mer du övar på att ta små steg utan att ge efter för dina ursäkter, desto starkare och mer självsäker kommer du att känna dig.

Så istället för att räkna dina ursäkter och drömma om vad du kunde ha haft, ta tag i situationen och börja göra det som behövs göras idag. På så sätt kan du förverkliga dina drömmar och leva det liv som du verkligen vill ha.

Att våga sticka ut och ta egna beslut innebär att du väljer att tro på dig själv och din förmåga att övervinna hinder. Genom att konsekvent arbeta mot dina mål och fokusera på dina styrkor och passioner, kommer du att bli mer självsäker och framgångsrik. När du lär dig att omfamna utmaningar, kommer du att upptäcka att du har kapaciteten att skapa det liv du drömmer om. Så våga sticka ut, ta ansvar för dina val och var glad över att du är en av alla de som har fått chansen att uppleva livet.

SAMMANFATTNING

- Att undvika problem istället för att lära sig av dem kan leda till nya problem.

- När du sticker ut eller gör något annorlunda kan det vara ett tecken på att du är på rätt väg.

- Dina handlingar och tro definierar dig och dina framgångar, inte vad andra tycker om dig.

- Ta tag i situationen och börja göra det som behöver göras idag för att förverkliga dina drömmar.

KAPITEL

TOLV

DET GÅR INTE ATT LYCKAS GENOM ATT VARA EN PAPEGOJA, UTAN INSIKT HÄNDER INGET.

Framgång uppnås inte bara genom att upprepa vad någon annan har sagt, utan kräver insikt och personlig erfarenhet.

När du läser denna bok kanske du känner att det som står är sant och logiskt. Det är lätt att hålla med och sprida budskapet genom att återge det som står. Men det är viktigt att komma ihåg att det som känns sant för dig, baserat på någon annans ord, inte nödvändigtvis är en verklig insikt.

Ett stort problem med att bara upprepa vad någon annan har sagt är att du inte har upplevt det själv och därför inte kan dela med dig av personliga erfarenheter och insikter. Du kan bara återge exemplen från boken, vilket inte är samma sak som att ha en egen upplevelse av det som diskuteras.

Det är viktigt att komma ihåg att insikter inte kan läsas eller läras ut, utan de måste upplevas på egen hand. När du har upplevt en insikt kommer det att finnas en genuin känsla som du kan dela med dig av, och det kommer att vara mer effektivt att sprida budskapet på detta sätt.

Istället för att bara upprepa vad någon annan har sagt, är det viktigt att uppleva och integrera insikter på ett personligt plan för att kunna sprida dem på ett genuint sätt.

Det kan vara lätt att fastna i självbedrägeri när man kopierar och återger något som man inte själv har upplevt eller förstått till fullo. Det är som att man försöker övertyga sig själv om att man förstår det, samtidigt som man vet att det egentligen inte är sant. Det kan kännas bekvämt att lura sig själv på det här sättet för stunden, men på sikt kan det leda till att man går miste om verkliga insikter och förståelser.

Att uppnå insikt kräver ofta djupgående och personlig erfarenhet. Det handlar om att utforska och ifrågasätta ens tankar och övertygelser, och att våga känna och uppleva det som är verkligt för en själv. Det är en process som kan vara utmanande och ibland smärtsam, men det är också en process som kan leda till en djupare och mer genuin förståelse av livet och din plats i det.

När vi försöker återge eller dela med oss av något som vi inte själva har upplevt eller förstått till fullo, kan det också hindra oss från att verkligen lyssna på och förstå andra människors perspektiv och erfarenheter. Vi kan fastna i vår egen snäva synvinkel och tro att vi vet vad som är sant och rätt för alla, utan att faktiskt ha lyssnat på andra eller öppnat oss för nya idéer och perspektiv.

Reflektion är som en övning på gymmet, där man inte kan bli vältränad genom att bara titta på figurerna som visar hur övningarna ska utföras. Man måste själv göra övningarna för att uppnå resultatet. På samma sätt måste man själv uppleva och reflektera för att få personliga insikter och förståelse. Genom att hitta sina egna ord och uttryck kan man sedan förmedla dessa insikter till andra på ett ärligt och autentiskt sätt.

Till sist uppmanar jag dig som läsare att själv reflektera och söka efter vad som känns sant och viktigt för dig. Först då kan du hitta dina egna ord och berätta för andra på ett sätt som känns genuint och ärligt. Detta är viktigt för din egen skull och för att kunna förmedla din kunskap till andra på ett sätt som kan göra skillnad i ditt liv men även i andras.

Kom ihåg att precis som ditt fingeravtryck är du unik i ditt sätt att se på saker utifrån ditt perspektiv. Låt detta unika sätt uttrycka sig i den framgång du önskar åstadkomma. På så sätt kan du inspirera andra till att göra detsamma.

SAMMANFATTNING

- Framgång kräver insikt och personlig erfarenhet, inte bara upprepning av andras ord.
- Det är viktigt att ha personlig erfarenhet för att kunna sprida budskapet på ett genuint sätt.
- Att kopiera andras ord utan att ha personlig insikt kan leda till självbedrägeri och bristande ärlighet gentemot sig själv.
- Genom personliga insikter kan man förmedla budskapet på ett ärligt och autentiskt sätt.

KAPITEL

TRETTON

HUR SKA DET SE UT NÄR DU HAR NÅTT DITT MÅL?

När du tänker på de saker du behöver göra för att uppnå ditt mål, är det vanligt att du känner en viss förväntan av lycka eller välmående. Men jag vill påpeka att denna förväntan kan vara missvisande. Om du endast fokuserar på att känna den där speciella känslan när du har nått ditt mål, så kan det leda till att du mår dåligt under resans gång. Det kan till och med göra att du tappar motivationen och ger upp helt och hållet.

För att lyckas är det störst avgörande att skapa rutiner. Rutiner är som färdiga scheman som du ska följa utan att reflektera över om du känner för det eller inte. De fungerar som motorn i det system du bygger upp och hjälper dig att röra dig framåt mot ditt mål. Genom att hålla fast vid dina rutiner, oavsett hur du känner dig, skapar du en vana som kommer att ge dig momentum och öka dina chanser att lyckas.

Det är också viktigt att komma ihåg att det inte bara handlar om att skapa rutiner, utan också att våga se att det är möjligt att lyckas och faktiskt att våga lyckas. Om du har en inställning som inte är förenlig med dina mål, kommer det att bli svårt för dig att nå dem. Det beror på att *du tror på det du upplever och upplever det du tror på*. Genom att få en insikt kring detta faktum kan man även förstå att problemet inte är ett problem utan endast upplevs så när det tänks.

När vi ställs inför ett problem som manifesterar sig i form av en negativ känsla, är det vanligt att vi söker efter orsaken till detta i vår omgivning. Vad vi dock ofta missar är att känslan inte kommer från yttre faktorer, utan snarare är något som upplevs inom oss själva. Därför bör vi rikta vår uppmärksamhet inåt istället för att försöka hitta lösningar på utsidan. Det enda vi egentligen behöver göra är att inse att vi för tillfället fastnat i vårt tänkande och att detta negativa tillstånd kommer att passera om vi inte fortsätter att ägna tid åt att upprätthålla det.

En annan faktor som är viktig för att nå dina mål är att vara uthållig. Det är sällan lätt eller snabbt att nå stora mål, och det kan ta tid och att komma dit du vill. Men om du är uthållig och är beredd att ta små steg varje dag, kommer du att närma dig ditt mål steg för steg.

Till sist vill jag också betona vikten av att vara öppen för förändringar och att vara beredd att anpassa sig. Det innebär att du måste våga prova saker innan du är helt säker på att de fungerar. Om du är tveksam kan du fråga dig hur du annars hade tänkt komma till insikt med något nytt.

Ibland kan det hända att vägen till ditt mål inte är rakt framåt, utan att du behöver göra ändringar på vägen för att anpassa dig till nya omständigheter. Det är viktigt att ha en flexibel inställning och vara beredd att göra förändringar när det behövs.

SAMMANFATTNING

- Det är vanligt att känna förväntan när man tänker på att uppnå sitt mål.

- *Du tror på det du upplever och upplever det du tror på.*

- Enbart fokusera på den känslan kan leda till att man mår dåligt och tappar motivationen.

- Rutiner är avgörande för att nå målet.

- Genom att skapa rutiner, ta små steg varje dag, ha en positiv inställning, uthållighet och flexibilitet kan man nå sitt mål.

KAPITEL

FJORTON

SLUMPEN

"Det är inte hur du har det utan hur du tar det, som avgör"

Tur och otur är en del av livet och något som vi alla upplever då och då. Men vad är det som avgör om vi har tur eller otur? Ska vi bara ge upp allt eftersom det är ändå slumpen som får vågen att tippa eller finns det faktorer som vi faktiskt kan påverka?

Visst, det finns vissa faktorer som kan öka våra chanser att ha tur, men det finns också en del av slumpen som vi inte kan kontrollera. Ibland händer saker som vi inte kan förklara eller förutse, och det är här slumpen verkligen spelar en roll. Men även om vi inte kan kontrollera slumpen kan vi välja hur vi reagerar på den.

Kom ihåg att livet består av en rad upplevelser som vi inte kan välja, men vi kan däremot välja hur vi tänker kring dem. Att vara öppen för olika situationer kan hjälpa oss att hantera dem som de kommer och inte vara rädda för oförutsägbara händelser. När slumpen slår till bör vi inte se det som något vi måste försöka hindra, utan snarare som en möjlighet att växa och utvecklas.

Att inte vara rädd för livets upplevelser generellt innebär att vi accepterar att det kommer att finnas både bra och dåliga tider, och att vi kan lära oss något av varje upplevelse. Genom att ha denna inställning kan vi fortsätta att röra oss framåt och nå våra mål, oavsett vad slumpen kastar på vår väg. Så istället för att fokusera på att ha tur eller otur, kan vi fokusera på att leva våra liv fullt ut och ta vara på varje upplevelse som kommer på vår väg.

En annan aspekt att överväga är hur vi kan dra lärdom av både tur och otur. När vi upplever tur kan vi reflektera över vilka faktorer som bidrog till den positiva händelsen och försöka applicera dessa i framtida situationer. På samma sätt, när vi stöter på otur, kan vi analysera vad som gick fel och fundera över hur vi kan förbättra oss för att minimera risken för framtida problem.

Det kan också vara värdefullt att se på tur och otur ur ett bredare perspektiv. Ibland kan det som först verkar vara otur visa sig vara en vändpunkt som leder till något bättre, eller en möjlighet att lära oss viktiga livslektioner. Genom att se på situationen i ett större sammanhang kan vi uppskatta både de goda och dåliga erfarenheterna och förstå hur de formar oss och våra liv.

Istället för att låta tur och otur styra våra liv, kan vi fokusera på att bli mer medvetna om att vara nyfikna på det okända i livet. Genom att omfamna livets oförutsägbarhet kan vi lära oss att navigera genom både med- och motgångar och ta vara på varje upplevelse som en möjlighet att växa och utvecklas.

SAMMANFATTNING

- Vissa faktorer kan öka chanserna att ha tur, men slumpen spelar också en roll.

- Vi kan inte kontrollera slumpen, men vi kan välja hur vi reagerar på den.

- Att vara öppen för olika situationer kan hjälpa oss att ta det som det kommer och inte vara rädda för oförutsägbara händelser.

- Istället för att fokusera på tur eller otur kan vi fokusera på att leva våra liv fullt ut och ta vara på varje upplevelse som kommer vår väg.

KAPITEL

FEMTON

ATT SATSA PÅ FRAMGÅNG ÄR INTE SOM ETT LOTTERI

Att sträva efter framgång skiljer sig från att spela lotto eftersom du aktivt kan påverka din framgång genom att ta ansvar för dina handlingar och lära av misstag.

Genom att satsa på sin egen utveckling kommer man alltid att lära sig något, även om man skulle förlora investerade pengar eller tid. Detta skiljer sig från att spela på lotto där utgången är slumpmässig. Genom att utmana sig själv i olika situationer, testa olika strategier och åtgärder, kommer man närmare sitt mål.

Det är också viktigt att komma ihåg att det är helt okej att misslyckas, då det är en naturlig del av livet. Att våga satsa och misslyckas ger värdefulla erfarenheter som kan användas i framtiden. Genom att ta sig igenom motgångar och svårigheter, lär man sig hur man kan anpassa sin strategi och ta sig vidare till nästa delmål. Även om det kan vara tufft att misslyckas, så är det erfarenheten och modet att våga försöka igen som kan leda till framgång.

Att satsa på framgång handlar inte bara om att vinna som på ett lotteri. Det handlar om att våga ta risker, våga göra fel och våga vara annorlunda. Det handlar om att ha en inre drivkraft som hjälper en att fortsätta framåt även när det blir motigt eller när man stöter på hinder längs vägen.

För att satsa på framgång är det också viktigt att ha en tydlig vision för vad man vill uppnå och att planera stegvis hur man ska ta sig dit. Men det handlar också om att ha ett starkt nätverk av stödjande människor som kan hjälpa en att nå ens mål. Detta kan vara familj, vänner, mentorer eller kollegor som tror på en och ens mål.

Så när du satsar på framgång, bör du tänka på att det handlar om mer än att bara vinna en lotterivinst. Det handlar om att våga tro att det är möjligt att nå sina drömmar och att göra det som krävs även om det verkar annorlunda eller går emot andras föreställningar om en. Med en öppen inställning, mod att ta risker och stöd från de som hejar på en, kan man öppna dörrar till en framtid som man kanske inte ens kunde föreställa sig.

För att vinna andra människors respekt och förtroende spelar autenticitet en avgörande roll. Denna äkthet manifesteras genom att vara ärlig mot sig själv och inte maskera sin sanna natur för att imponera. Det handlar om att uttrycka vår genuina personlighet och våra grundläggande värderingar, vilket stärker banden med dem omkring oss. Detta bidrar till att skapa hållbara relationer och förbättrar våra chanser till framgång i både personliga och professionella sammanhang.

Att vara autentisk kan ibland innebära att våga stå ut ur mängden i vissa situationer, även om det kan vara ovanligt eller oväntat. Det kan innebära att du står emot de osäkerheter som andra kan ha och istället litar på ditt eget självförtroende. Denna insikt kan understryka att det är mer meningsfullt att vara lojal mot dig själv än att försöka anpassa dig till vad andra förväntar sig av dig.

Tänk på den senaste personen du mötte som verkade anstränga sig alldeles för mycket för att visa en överdrivet positiv sida, men som inte kändes genuin. Hur upplevde du det? Gav det dig intrycket av att personen var trygg eller otrygg? Sannolikt uppfattade du personen som otrygg, vilket ytterligare understryker vikten av autenticitet.

Det finns också fördelar med att vara öppen för förändring och att vara beredd att ompröva våra strategier när omständigheterna förändras. Flexibilitet och förmågan att anpassa sig till nya situationer är viktiga egenskaper som kan hjälpa oss att navigera genom livets utmaningar och ta vara på möjligheter som vi kanske inte hade förutsett.

Framgång är en resa snarare än en destination, och det är viktigt att vi lär oss att njuta av processen och förstå att varje steg vi tar, oavsett om det leder till omedelbar framgång eller inte, är en del av vår personliga utveckling. Genom att vara öppna för att lära oss från våra erfarenheter, både positiva och negativa, och genom att aktivt sträva efter att växa och utvecklas, kan vi satsa på vår egen framgång och skapa ett liv som är meningsfullt och uppfyllande.

SAMMANFATTNING

- Genom att satsa på din egen utveckling och våga tro på dig själv kan du påverka din framgång.
- Att misslyckas är en naturlig del av livet och ger värdefulla erfarenheter som kan användas i framtiden.
- Viktigt att ha en tydlig vision och plan för att nå sina mål samt ett starkt stödjande nätverk av människor som tror på en.

- Genom en öppen inställning, mod att ta risker och stöd från andra kan du öppna dörrar till en framtid du inte kunde föreställa dig

KAPITEL

SEXTON

FÖLJ DINA DRÖMMAR

Tänk dig att det jag skriver i denna bok faktiskt är sant. Hur skulle det påverka dig och ditt liv? Skulle det ge dig nya perspektiv, möjligheter och lösningar på problem du tidigare känt dig fast i? Skulle det hjälpa dig att upptäcka nya saker om dig själv och vad du vill i livet?

Men ännu viktigare, vad skulle du förlora om du inte tar till dig av det jag skriver? Tid är det enda som du potentiellt skulle förlora, men samtidigt är tid något vi alltid förlorar oavsett om vi lär oss något nytt eller inte. Om du inte provar och ger dig själv chansen att upptäcka nya saker, så riskerar du att stanna kvar på samma plats och missa möjligheter som passerar i livet.

Det är lätt att tänka att det som vi fokuserar på är det som är viktigt och att detta är vad vi ska fortsätta med imorgon och dagen efter det. Men det är inte alltid så enkelt. Ibland upptäcker vi nya saker som får oss att ifrågasätta det vi tidigare trott på eller planerat för. Det är här det är viktigt att ha en riktning och mål som du vill uppnå, samtidigt som du är öppen för att ändra riktning om det behövs.

Att följa dina drömmar är en långsiktig riktning som kan hjälpa dig att navigera genom livet och göra rätta val för dig själv. Det handlar om att våga drömma stort och ta risker för att nå dina mål. Genom att göra det som står i denna bok kan du upptäcka nya saker om dig själv och vad du vill i livet, samtidigt som du undviker att ångra dig senare i livet för att du inte vågade ta chansen när den dök upp.

Varför försöka tjäna pengar genom att vara som alla andra när du är som mest värd att vara dig själv, eftersom det bara finns en av dig?

För att hjälpa dig att förstå detta på ett mer konkret sätt, här är tre fakta som kan hjälpa dig att sätta saker i perspektiv:

- Vi kommer alla att dö någon gång. Det kan låta deprimerande, men det är också en påminnelse om att vi har begränsad tid att göra det vi vill. Så vad vill du göra nu när du lever?

- Livet är för kort för att oroa sig. Ofta lägger vi mycket energi på saker som egentligen inte spelar någon större roll i det stora hela. Att oroa sig kan hindra oss från att ta chansen när den dyker upp.

- Det du tror på är det som känns sant för dig. Detta innebär att, beroende på vad du tänker, blir just den världen du upplever. Det är inte världen som ändras (bortsett från den världen du ser inifrån) utan bara din syn på den.

Det är viktigt att ha en riktning i livet, men det är också viktigt att vara öppen för förändring och nya möjligheter. Att följa sina drömmar innebär inte att man måste ha en klar bild av vad man vill göra resten av sitt liv, utan snarare att man är beredd att prova nya saker och följa sin intuition. Detta gäller när du fortfarande letar efter det du vill göra men ännu inte har hittat något. När du väl har funnit det du vill göra, så bör du fokusera på det och lägga allt annat åt sidan. Därefter gäller det att vara konsekvent och ihärdig. Anledningen till att många misslyckas är, som tidigare nämnt, att de ger upp för tidigt. Om du tänker på motgångar som "det är just nu när det känns så här jobbigt som många har gett upp", så har du faktiskt helt rätt. Därmed vet du att du inte är som "alla andra" som har gett upp. Därför ger du dig inte, eller hur?

Genom att ta till sig av det som står i denna bok och våga drömma stort kan du ge dig själv möjligheten att upptäcka nya saker om dig själv och vad du vill i livet. Du kan hitta nya perspektiv och lösningar på problem som du tidigare känt dig fast i. Men det är också viktigt att komma ihåg att det inte finns några garantier i livet, och att det är okej att misslyckas eller behöva ändra riktning.

Vad som är viktigt är att du fortsätter att sträva efter det som är viktigt för dig och följer din passion. Att våga drömma stort och ta risker är det som kan ta dig till nya höjder och ge dig en meningsfull och uppfyllande tillvaro. Så ta chansen, följ dina drömmar och se vart livet tar dig!

SAMMANFATTA

- Om det som skrivs i denna boken är sant kan det påverka dig som läser den, positivt genom att ge nya perspektiv, möjligheter och lösningar på problem.

- Att inte prova nya saker innebär risk för att stanna kvar på samma plats och känna sig fast, vilket kan leda till ånger senare i livet.

- Det är viktigt att ha en riktning och mål i livet, men samtidigt vara öppen för att ändra riktning om det behövs, för att uppnå sina drömmar.

- När man hittar det man vill göra, bör man fokusera på det, vara konsekvent och ihärdig, och inte ge upp trots motgångar.

KAPITEL

SJUTTON

VAD BÖR SE ANNORLUNDA UT IDAG FÖR ATT DET SKA SE
ANNORLUNDA UT IMORGON?

Dagens arbete kan inte skjutas upp till imorgon, och den där
boken du kanske vill skriva kommer inte att skriva sig själv.
Det är lätt att falla in i dåliga vanor och undvika att göra
någonting som kräver ansträngning. Våra kroppar är
programmerade för att spara energi och vi tenderar att
undvika att göra saker som kräver ansträngning när vi inte
behöver. Men med tanke på den moderna livsstilen som
många av oss har, är det viktigt att göra något produktivt
varje dag för att uppnå våra mål.

Det är enkelt att glömma bort hur viktigt det är att hålla
igång och aktivera sig dagligen. Att vara för aktiv kan vara
dåligt för kroppen, men att vara alltför inaktiv kan ha en

negativ effekt på både kropp och sinne. Därför är det viktigt att hitta en balans mellan aktivitet och vila som fungerar för dig.

Att göra något produktivt varje dag behöver inte vara en utmaning. Det kan vara något så enkelt som att ta en kort promenad, skriva några sidor i din dagbok eller läsa ett kapitel i en bok. Det handlar inte om att stressa eller pressa dig själv till att göra något som du inte känner för, utan snarare om att ha en fokuserad inställning och ta små steg mot dina mål.

Om du till exempel vill skriva en bok så kan det kännas överväldigande att tänka på att skriva 80 000 ord eller mer. Men om du sätter målet att skriva en sida om dagen, så kan du ha en färdig bok på mindre än ett år. Det handlar om att bryta ner ditt mål i små delar som du kan åstadkomma varje dag.

Att göra något produktivt varje dag hjälper dig att hålla dina mål och drömmar i fokus. Det kan också hjälpa dig att känna dig mer motiverad och produktiv, och minska risken för att du faller in i dåliga vanor och beteenden. Det är viktigt att du gör något varje dag för annars är det lätt att du ursäktar dig.

Tänk dig att du har en aktivitet som du bara gör varannan dag. I det fallet kan det vara lätt att skjuta upp saker som du borde göra idag, eftersom det finns en lucka för att hinna med senare. Men om du å andra sidan gör något varje dag, finns det ingen möjlighet att skjuta upp dagens aktivitet till en annan dag, vilket eliminerar frestelsen att skjuta upp saker.

Så istället för att låta dagen gå förbi utan att göra någonting, ta dig tid att göra något litet och produktivt varje dag. Det kan vara ett steg framåt i rätt riktning och hjälpa dig att nå dina mål.

- Att göra något produktivt varje dag är viktigt för att uppnå mål och förbättra välbefinnandet, samt undvika att falla in i dåliga vanor.

- Att hitta en balans mellan aktivitet och vila som fungerar för dig, för att undvika negativa effekter på kropp och sinne.

- Bryt ner mål i små delar och ta små steg mot dem varje dag, för att göra produktiviteten mer hanterlig.

- Att göra något produktivt dagligen hjälper till att hålla mål och drömmar i fokus, ökar motivationen och minskar frestelsen att skjuta upp saker.

KAPITEL

ARTON

ATT VARA TRYGG I SIG SJÄLV

För att känna sig trygg i sig själv måste man först inse att så är fallet. Det handlar om att förstå var trygghet kommer ifrån. Trygghet är något som skapas av det vi tänker på som trygghet. Att bli trygg handlar egentligen om att vara i ett tillstånd av välmående.

Genom att ta en stund för att reflektera över sitt liv kan man få en bättre förståelse för vad som har format en som person och varför man befinner sig där man är idag. Detta kan också hjälpa till att identifiera områden där man vill förbättra sig och vilka förändringar man behöver göra för att nå dit man vill.

Allting i livet går att ändra på; ingenting är egentligen hugget i sten, men det måste finnas en insikt kring detta för att det ska kunna ske en förändring. Det betyder naturligtvis att det finns ett stort hopp för dem som har tvivlat på att det inte går att göra någonting åt deras egen situation.

Om du inte tror på att detta är möjligt eller överhuvudtaget sant så har du rätt. Det kommer att kännas rätt tills den stunden du inser att det inte är rätt. Det betyder inte att jag har rätt eller att du har fel, utan det betyder bara att allt du föreställer dig blir den verklighet du målar framför dig, och det är just den verkligheten du tror på. Det blir samtidigt den verkligheten du upplever.

Det är också viktigt att förstå att livet är en ständig process och att varje dag är en ny möjlighet att lära sig och utvecklas. Genom att ta små steg framåt kan man uppnå sina mål och närma sig det man vill uppnå. Att fokusera på ens egna framsteg snarare än att jämföra sig med andra är också viktigt för att undvika onödig stress och självkritik. Att ha en öppen inställning gentemot sin omgivning kan innebära att man är lyhörd för feedback och idéer från andra människor. Detta kan hjälpa en att identifiera nya möjligheter och vägar framåt för att nå sitt mål. Genom att ta emot input från andra kan man också utveckla nya färdigheter och kunskaper samt utvidga sin syn på vad som är möjligt. Kom ihåg att varje steg i rätt riktning är ett steg närmare dina mål, och att det aldrig är för sent att börja arbeta mot det du vill uppnå. Jag vill dock passa på att poängtera att de människor du väljer att öppna dig för bör vara de som vill att du ska lyckas.

Att ha en känsla av trygghet i sig själv är en insikt som inte kan nås genom en metod eller genom att hitta något som du har tappat bort. Om du inte känner dig trygg i dig själv just nu, betyder det inte att tryggheten inte finns där, utan snarare att dina tankar och känslor är riktade mot andra saker som kan ta bort din uppmärksamhet från den inre känslan av trygghet. Det är viktigt att komma ihåg att den här känslan finns inom dig och kan återupptäckas genom självreflektion och medvetenhet. Så ge dig själv tid att utforska dina tankar och känslor och arbeta på att hitta den inre tryggheten som redan finns inom dig. I slutändan handlar det egentligen om att släppa tankarna om att du måste vara trygg, på så sätt kan du släppa in möjligheten att känna välmående och därmed trygghet som följd.

För att lära dig något nytt är det ofta bäst att bara sätta igång och göra det. Genom att aktivt utforska och experimentera lär du dig mer än genom passiv inlärning eller teoretisk kunskap. Under tiden du utför uppgiften utvecklas din förmåga, och du får en bättre överblick över processen och dess utmaningar. Så var inte rädd för att göra misstag, utan lär dig genom att ta dig an utmaningar och utforska nya områden.

Men vad ska jag lära mig? Lär dig allt! Du kan ändå aldrig lära dig för mycket! Det finns alltid nya saker att utforska och upptäcka i livet. Genom att vara nyfiken och öppen för nya erfarenheter kan du fortsätta att växa och utvecklas som person. Oavsett om du vill lära dig ett nytt språk, bemästra en färdighet eller förstå ett komplext ämne, är det viktigt att vara tålmodig och engagerad i din inlärning. Dock är det absolut viktigaste att du har roligt i din utveckling, för då blir den både enklare och du lär dig snabbare.

SAMMANFATTNING

- Trygghet kommer från inre förståelse och självreflektion, och det är viktigt att rikta uppmärksamheten mot att hitta den inre tryggheten som redan finns inom oss.

- Livet är en ständig process och varje dag erbjuder möjligheter att lära sig och utvecklas. Fokusera på dina egna framsteg snarare än att jämföra dig med andra.

- För att lära dig något nytt, sätt igång och gör det aktivt genom att utforska och experimentera, vilket ger mer inlärning än passivt lärande eller teoretisk kunskap.

- Var nyfiken och öppen för nya erfarenheter, och engagera dig i att lära dig allt möjligt. Kunskap är makt och ständig utveckling gör dig till en mer komplett och mångsidig individ.

KAPITEL

NITTON

VAR DIG SJÄLV

När människor uppfattar att någon är äkta och genuin, beror det oftast på att personen inte försöker vara någon annan än sig själv. Det handlar om att vara öppen och ärlig om vem man är, och inte låtsas vara någon annan för att passa in eller behaga andra. Det innebär att man inte är rädd för att visa sina sanna känslor, tankar och åsikter, även om de ibland skiljer sig från normen eller vad som förväntas.

Du kanske frågar dig: "Vem är jag?" När man visar upp sin egenhet och autenticitet skapar man en känsla av tillit och trovärdighet hos andra människor. Det gör att människor känner sig mer bekväma och avslappnade i ens sällskap, eftersom de känner att man inte döljer något eller försöker spela någon annan. När personer i din omgivning blir avslappnade i din närvaro innebär det att även du är avslappnad. Att vara genuin innebär att det inte finns något motstånd för att försöka vara sig själv. Det vill säga, att vara sig själv är ansträngningslöst.

Att ha en genuin och autentisk personlighet är något vi alla har i oss när vi inte försöker vara någon annan eller känner motstånd. Det kan dock ta tid och självreflektion för att verkligen förstå hur man är som människa.

Ibland fastnar vi i situationer där vi är känslomässigt involverade, och det enda som behövs är ett logiskt tankesätt för att se hur enkel lösningen egentligen är. Det kan vara svårt att vara objektiv i sådana situationer, men att vara genuin och autentisk innebär också att vi erkänner våra begränsningar och ber om hjälp när det behövs. På så sätt kan vi inse något värdefullt, nämligen att det finns områden där vi behöver lära oss mer för att förbättra vår kunskap och förståelse.

Slutligen tänker jag bjuda på ett tips, och det är att när du gör saker och ting från hjärtat blir det aldrig fel.

SAMMANFATTNING

- Äkthet och genuinitet innebär att vara öppen och ärlig om vem man är och inte låtsas vara någon annan.

- Visa upp din autenticitet för att skapa tillit och trovärdighet samt för att skapa en avslappnad atmosfär.

- Självreflektion och ärlighet hjälper dig att förstå och omfamna din sanna personlighet.

- I känslomässigt laddade situationer, bör man erkänna sina begränsningar och söka hjälp för att förbättra sin kunskap och förståelse.

KAPITEL

TJUGO

EN SANN BERÄTTELSE

Jag var sex år och skulle fylla sju det året när jag satt på en trappa utanför min farfars affär en solig sommardag på S:t Knuts torg i Malmö. Tidigare samma dag hade jag varit inne i en affär vid Folkets Park som hette K-Marknaden på den tiden. Jag följde med min farfar dit eftersom han behövde köpa matvaror till sina smörgåstårtor. Det mesta inne i affären var ganska tråkigt för mig att titta på, men där fanns en sak jag ville ha - en vattenpistol. Jag gick fram till leksaksavdelningen och letade efter den med mina ögon, och till slut hittade jag den. Där hängde den på en krok. Det var en fin vattenpistol, en sådan genomskinlig så att man faktiskt kunde se vattnet genom plasten. Så häftig, tyckte jag.

Jag frågade farfar om han kunde köpa pistolen åt mig, men även om han inte var snål, var han noggrann med sina pengar och sa att jag kunde få de kronorna som han hade kvar. Jag räknade pengarna han hade kvar, men det blev bara fem kronor. Pistolen kostade tio. Besviket tackade jag för pengarna men gav tillbaka dem till farfar, som frågade varför jag inte ville ta emot dem. Jag sa att eftersom jag inte har råd med pistolen om jag inte har hela summan för att betala, så kvittar det. Jag kände att det gjorde nästan mer ont att ha hälften av pengarna som hånar att man ändå inte har råd, jämfört med att faktiskt inte ha något alls. Det var så jag såg på det. Har jag inte tillräckligt, så kvittar det.

Så nu när jag satt på trappan och funderade på allt möjligt, kom en idé plötsligt. Om jag kunde sälja något, precis som farfar gör, så kunde jag ju få råd att köpa den där vattenpistolen som jag ville ha. Men vad skulle jag sälja, undrade jag.

På trottoaren precis utanför min farfars affär fanns det ett träd som hade tappat några pinnar. Jag gick genast dit och samlade på mig så många jag kunde hitta och lade dem på trappan. Undrar vad jag kan göra av dessa, tänkte jag.

Jag fick ytterligare en idé. Jag gick in till farfar, som satt som vanligt och rökte sina "John Silver" utan filter som jag hade köpt åt honom tidigare samma dag, trots att jag bara var sex år men snart skulle fylla sju, och bad om tejp. Därefter tog jag en bit papper och en bläckpenna.

Jag rullade pappret till små bollar men lät en av sidorna vara slät så att jag kunde rita en mun med två ögon på. Därefter tejpade jag fast dessa på pinnarna och satte ihop dem så att pinnarna såg ut som armar och ben.

Jag gjorde två större gubbar: en som var jag, en som var min pappa, och en som var min lillebror. Min lillebror hade jag gjort som en väldigt liten gubbe, så jag tejpfäste honom på ett blad som skulle föreställa en spjälsäng av något slag.

Därefter satte jag pris på de olika gubbarna och ett paketpris ifall man ville köpa alla. Paketpriset var naturligtvis lika mycket som vattenpistolen skulle kosta, alltså tio kronor.

Nu var det bara att lägga figurerna lite snyggt på trappan och vänta tills någon gick förbi. Första personen gick förbi hastigt, och jag fick endast ett leende när jag försökte stoppa dem med mitt "ursäkta". Nästa person var en som jag inte vågade fråga ens om de ville köpa. En annan var för långt borta så jag kände inte att jag ville besvära dem med att fråga. Men plötsligt, efter nästan en timme, kom en äldre dam förbi, och då passade jag på att fråga.

"Ursäkta mig, men skulle du vilja köpa någon av dessa figurer?" frågade jag.

"Nämen, oj, vad fina de är! Har du gjort dessa själv?" frågade hon.

"Ja, det har jag," svarade jag.

"Den ena är min far, den som är mellanstor är jag, och den minsta är min lillebror. Vilken vill du köpa?" frågade jag.

Då svarade hon att hon tyckte det var synd att hon skulle ta dessa fina figurer från ett barn, men hon gav mig trots allt fem kronor för att hon tyckte att jag var en sådan rar liten pojke. Jag tackade så mycket för pengarna och reste mig upp.

Nu rusade jag in till farfar och frågade om de där pengarna som han hade varit villig att ge mig tidigare, och han undrade varför jag hade ändrat mig. Jag svarade att jag hade tjänat ihop fem kronor, så att jag nu hade råd att köpa min vattenpistol.

Jag sprang så fort jag kunde iväg och köpte min vattenpistol och var så glad över att jag hade lyckats få det jag önskat mig.

SLUT

Reflektion:

Som barn grubblade jag inte över vilken utbildning jag hade, vilka hinder som fanns, hur lång tid det skulle ta, om något var omöjligt, eller vad andra skulle tycka. Istället kom jag på en idé och lyckligtvis fungerade den. Det var först när jag slutade vara barn och blev vuxen som jag lärde mig att det finns hinder, att jag inte duger till allt, att man måste kämpa för att få något, att man inte ska sticka ut, att man måste uppföra sig som folk, göra som de vuxna sagt, skämmas för att man gör fel, att livet inte är en dans på rosor... och så vidare.

Men då vill jag bli barn igen, där inget av detta spelar någon roll eftersom jag hade en dröm och jag såg till att den gick i uppfyllelse genom att vara kreativ, kärleksfull, driven och genuin.

Med ett sista tack till dig som har läst boken vill jag bara önska dig lycka till med din framgång och låt barnet inom dig guida dig till lycka och framgång. För det är, enligt mig, den sista insikten du behöver för att lyckas!